Paraula de PEP

ara LLIBRES

Llibre realitzat amb la llicència de Televisió de Catalunya, SA

Coordinació TVC: Elena Goixens i Josefina Vallhonesta

Primera edició: setembre de 2009

Ara Llibres SCCL
Corders, 22-28
08911 Badalona
Tel. 93 389 94 70
www.ara.cat

GrupCultura03

Disseny de coberta: Laudicéia Santos de Araújo
Disseny de maqueta interior: David Fernández
Selecció/Edició gràfica: Arantza Diez

Fotocomposició: David Fernández
Fotomecànica: Grafis & Sant

Impressió: Liberdúplex

ISBN: 978-84-92552-80-1
DIPÒSIT LEGAL: B-35.898-2009

Paraula de PEP

Algunes setmanes abans de ser presentat oficialment com a nou entrenador del Futbol Club Barcelona, Pep Guardiola ja tenia decidit que no concediria cap entrevista a ningú. Això, com tantes altres coses que ha dit i després ha fet, també s'ha complert. El tècnic del Barça ha escollit la sala de premsa com el lloc des d'on fer arribar el seu discurs, perquè tothom entengui la seva filosofia, el seu estil, el seu futbol, la seva manera de fer i, per tant, de ser. Des de la sala de premsa, en Pep també ha sabut encomanar la passió amb què es dedica sempre a tot, en els diversos nivells del club, tant en els interns com en els externs, perquè ell no entén que les coses es puguin fer d'una altra manera. Us convidem a acompanyar-nos en aquest viatge apassionant que hem recorregut tots plegats l'última temporada, amb aquest Barça de rècord.

Al llarg de la temporada 2008-2009, Pep Guardiola va exhibir, davant de tothom, la multitud d'experiències que ha anat acumulant durant la seva vida. Des que va arribar al primer equip del Barça com a jugador, als voltants del 1990 i fins ara mateix, no ha deixat ni un sol dia d'aprendre coses noves i d'absorbir-les com una esponja. Estic segur que aquesta capacitat que té de mirar-s'ho tot amb un esperit crític i alhora encuriosit, i de fer seu tot allò que creu que és interessant i que li pot servir per alguna cosa, ara o al futur, han estat cabdals per guanyar un triplet històric, a la banqueta del Camp Nou, l'any del seu debut.

Des del dia de la seva presentació oficial com a entrenador del primer equip, en Pep ha pensat molt tot el que ha dit i mai ha deixat passar l'oportunitat de comunicar les seves idees amb molt sentit.

Les seves reflexions en veu alta ens han permès fer un programa de televisió a TV3, *Paraula de Pep*, que ara es podrà veure plasmat en aquest llibre. El discurs del Pep ha seguit una línia molt clara en les seves trobades amb els periodistes i ha acabat aconseguint que en les seves rodes de premsa sempre hi hagi un missatge diferent que vol fer arribar a tothom, sempre amb un objectiu clar.

Alguns exemples. Després de les primeres golejades, va insistir que l'equip encara no havia fet res. Quan el Reial Madrid estava a 12 punts, va recordar que el Madrid sempre és el Madrid i que és l'actual Campió de Lliga. De cop i volta, va donar un cop d'efecte i va dir, per primera vegada, que tenien moltes possibilitats de guanyar la Lliga, i va dir-ho en el moment més crític de resultats de la temporada. Va demanar l'ajuda del públic del Camp Nou; assegurà que sense ells no podrien aixecar cap títol i que els necessitaven. I fins i tot es permeté ensenyar les seves emocions i gairebé es va posar a plorar el dia que van aconseguir la golejada històrica per dos a sis al Santiago Bernabéu.

El treball, l'esforç, la dedicació, la constància, la humilitat, l'equip i la unitat són conceptes que el Pep ha anat repetint insistentment en moltes de les seves rodes de premsa al llarg de la temporada. Valors que el Pep ha sabut inculcar a tot el seu grup i que, al final, han estat bàsics perquè el Barça aconseguís firmar la millor temporada de tota la història del club.

Però amb saber quins són els valors que s'han de treballar no n'hi ha prou. És necessari que aquests fonaments els assumeixin tots els jugadors de l'equip i falta posar-hi unes quantes —jo diria més, moltes!— gotes màgiques de la passió que ell sempre dedica a tot el que fa. La passió amb què explica les coses en què creu i que són essencials perquè tot el seu equip les faci com ell diu que s'han de fer.

Segurament quedarà gratuït dir-ho ara, però no me'n puc estar de deixar-ho escrit. Quan el Pep es va fer càrrec de la banqueta del primer equip del Barça es va parlar molt de la seva inexperiència, de si sabria tractar els cracs del Camp Nou, de si li aniria massa gros tot plegat. Tots els que dubtaven d'ell, no el coneixen. Tots els que el coneixem una mica sabíem del cert que el Pep no podia fallar. La dificultat de dirigir el Barça no ho era tant per a ell. Més que res, perquè tenia molt clar el que s'havia de fer, el que volia fer i com ho volia fer, al marge del seu gran coneixement del club i de tot el que l'envolta. I, sobretot, perquè a més de demostrar que té una gran capacitat per fer tota la feina que ha fet al llarg de la temporada i de fer-la com l'ha fet, el Pep s'ha sabut envoltar d'un autèntic equip de luxe de col·laboradors, dels millors. Els ha sabut convèncer del que necessitava de cadascun i tots li han acabat donant el millor, a dins del camp i també a fora. I aquesta ha estat la clau del seu èxit: saber «construir» un grup unit i treure el millor de cadascú.

Santi Padró

L'inici

L'inici

Des del mateix dia de la presentació oficial com a tècnic del Barça, Guardiola ja va deixar ben clar a tothom que sabia el que havia de fer, i amb els seus pares d'espectadors, va marcar les línies bàsiques del seu projecte.

Em sento fort, sento que estic disposat a superar aquest repte, i creieu-me que si no ho sentís, no estaria aquí assegut. L'equip correrà, si esteu preocupats per això, la gent correrà, s'esforçarà. Jo els perdonaré que no l'encertin, ara, no els permetré que no s'esforcin, això no.

El líder sóc jo, em perseguiran i ho aconseguirem. Que em segueixin, que em segueixin.

N ACTI

Però el viatge del Pep no va començar gaire bé. Dos partits jugats i cap victòria van fer encendre les alarmes dels més crítics, que el tractaven de becari, però Guardiola i el seu equip tècnic van seguir fidels al seu llibre d'estil i, al final, la mala sort va escampar.

No hem estat al lloc on havíem d'estar. Les posicions han de decidir-se en funció d'on estigui la pilota, i no ho hem respectat. Avui no ho hem fet.

Què voleu què us expliqui? No tinc massa arguments. Crec que hem estat millors, pròxims a la victòria, però… hem empatat.

Si guanyo, la meva carrera serà llarga;

si perdo, serà curta.

El meu futbol

El meu futbol

Al futbol, les coses no passen perquè els jugadors facin el que els dic o perquè no ho facin. No, el futbol és molt més complicat que tot això.

Jo veig el futbol com una ocasió d'interacció, d'interrelació dels uns amb els altres. No espero que un jugador em decideixi el partit, ni que un jugador decideixi la fase defensiva, o que pari tots els gols. El futbol és un joc tan maco, tan imprevisible, tan obert, que tots depenem de tots: ens interrelacionem. I un esforç molt agressiu d'un contagia els altres deu.

Un partit de futbol no és mai senzill. S'ha de córrer molt, treballar de valent i fer les coses bé.

La millor manera de passar una eliminatòria és anar de cara al gol. No en conec cap altra de millor.

Un entrenador s'ha de guiar pel que veu al dia a dia.

Per a mi el futbol és estar a prop del contrari, prendre-li la pilota al rival. Quan la recuperem, hem de tenir-la el màxim de temps possible per fer gol, i quan la perdem, hem d'agredir-los perquè no la tinguin. Sento el futbol així i ja us dic que, independentment de l'actuació dels jugadors, aquesta manera de fer futbol no canviarà en tota la temporada.

XAVI
6
unicef
10

unicef

Atacar

Atacar. Hem d'anar a fer gols. Nosaltres, quan ataquem bé, generem ocasió de gol; quan ataquem malament i especulem, es poden donar, com ja ha passat, moltes ocasions de gol.

I aquest és un equip molt perillós, si és a prop de l'àrea. Hem de sortir i anar a guanyar el partit. Nosaltres estem fets per atacar, per agafar la pilota, per jugar bé, per defensar bé quan toca defensar, i necessitem que hi hagi joc.

Demà sortirem, a les deu de la nit, a guanyar el partit. Per això hem aconseguit deu victòries fora de casa: perquè hem anat a tots els partits a guanyar, i el de demà no serà una excepció.

La millor manera
de defensar bé
és atacar bé.

L'únic que vull transmetre és que anirem a totes en aquest partit. No especularem ni res per l'estil, agafarem la pilota, atacarem i farem el que se'ns dóna bé. Això és el que vull transmetre als meus jugadors.

La millor manera de passar una eliminatòria és anar de cara al gol. No en conec cap altra de millor.

unicef
unicef
20

Els jugadors

Els jugadors

En Víctor, ja ho he dit més d'una vegada, és un porter perfecte per al Barça.

En Víctor és indiscutible. Pot fallar, com tothom, però és un immens porter que ens va molt bé per a la nostra forma de jugar, des del meu punt de vista, no hi ha debat: és ell i deu més. El més important és la seva fortalesa mental, és un jugador amb una capacitat de treball i de superació fantàstiques.

unicef

LFP

Defensivament, l'equip està bé. Està sòlid i en confiança.

La disponibilitat tant d'en Silvinho, com d'en Carles o d'en Martín quan van jugar a Lisboa ha estat extraordinària, ens ha ajudat molt. Això fa la vida molt fàcil a tots.

En Dani no es cansa, i tinc ganes de fer-lo reposar, però juga amb tant d'entusiasme... La veritat és que el Barça ha fitxat un jugador extraordinari, no només pel que treu al camp, que tothom ho veu, sinó pel dia a dia: en com entrena i en l'alegria que porta al vestidor. És qui porta la música.

FCB
unicef

La tònica d'en Xavi d'aquest any i de tota la seva trajectòria demostra que és un jugador molt participatiu que dóna dinamisme al joc, que és molt intel·ligent i solidari. En Xavi ens dóna molt al mig del camp, molt.

Amb mi d'entrenador, en Xavi es queda aquí. No hi ha res més a dir, és innegociable.

L'Andrés menja a part. És molt bo, sempre ho dic. El poso com a exemple per a les generacions del fubtol base, perquè s'emmirallin en ell, en molta gent, però sobretot en ell, perquè no du arrecades, no es pentina ni es pinta el cabell… I tothom sap que és el millor. Juga vint minuts i no es queixa, el posis on el posis, no protesta, i sempre juga bé, i entrena bé. Quan es lesiona, està de mal humor, perquè vol tornar i ajudar l'equip. Aquesta gent no té preu.

L'Henry és un jugador que ha estat nomenat el millor jugador de la història de l'Arsenal, el màxim golejador de la història de la selecció francesa, un jugador d'un nivell altíssim i que, alhora, té una gran humilitat. A més, té la capacitat de fer coses que probablement no havia realitzat mai, perquè no l'hi havien demanat. Es posa a disposició del club, i això, amb l'edat que té i després de ser el que ha estat, no és gens fàcil. I gràcies a això som líders.

unicef

unicef

Ara mateix només em preocupa que en Leo estigui bé, que ens ajudi com ho està fent, que l'equip l'estimi tant com l'estima. Aquesta és l'única preocupació que tinc. En Leo mai juga malament, mai. És massa bo per permetre-s'ho. És un paio molt fort, un animal; és molt fort físicament, molt resistent. Hem aconseguit que aquest any estigui bé… Si en Leo somriu, tot és més fàcil.

Els davanters són jugadors especials, que han de viure del gol, i per fer-lo sempre cal que hi hagi aquell punt de voler més, més i més. Un puntet de «ser jo», i això és el que els fa diferents. Si repassem els grans golejadors de totes les lligues de la història, veurem que tots els davanters són així. Desitgen ser ells els que facin el gol i per aconseguir-ho s'han d'estimar molt, i fer-ho.

unicef

Els entrenadors del primer equip tenen l'obligació de saber com va el futbol base, perquè és una part important d'aquesta casa. Molts dels que hi ha ara en el primer equip han sortit d'aquí i, per tant, hem d'intentar fer bé les coses per continuar pujant jugadors. És fonamental. És una de les potes de la cadira, sens dubte.

Hi ha una gran plantilla, uns magnífics jugadors, i són ells els que em donen el prestigi a mi.

La sort de dirigir un grup de jugadors tan bo és que et fan bo a tu.

Sento que és el millor
per al club i per a l'equip.
És una qüestió de *feeling*,
de sensacions, no de raons
futbolístiques.

La pilota

La pilota

joma

Hem volgut córrer més que la pilota i aquesta va més ràpida que les cames. La nostra força és el joc de posició, tenir la pilota i intentar fer gols.

Recuperar la pilota. Aquest és el millor antídot que existeix, no n'hi ha cap altre de millor. Retenir-la, no tenir tanta pressa per arribar, sinó agafar el control, i, en aquesta dinàmica de molta circulació de pilota, al final desgastem el contrari, generem ocasions de gol i en rebem molt pocs. I aquest és l'objectiu.

DIADORA
unicef

unicef

Estic content perquè els jugadors van junts. Van junts a jugar la pilota, a ajudar-se, a apretar, a voler ser ambiciosos... Tothom participa del joc ofensiu i del defensiu. Ens intentem unir a través de la pilota i, en aquest sentit, n'estic molt satisfet.

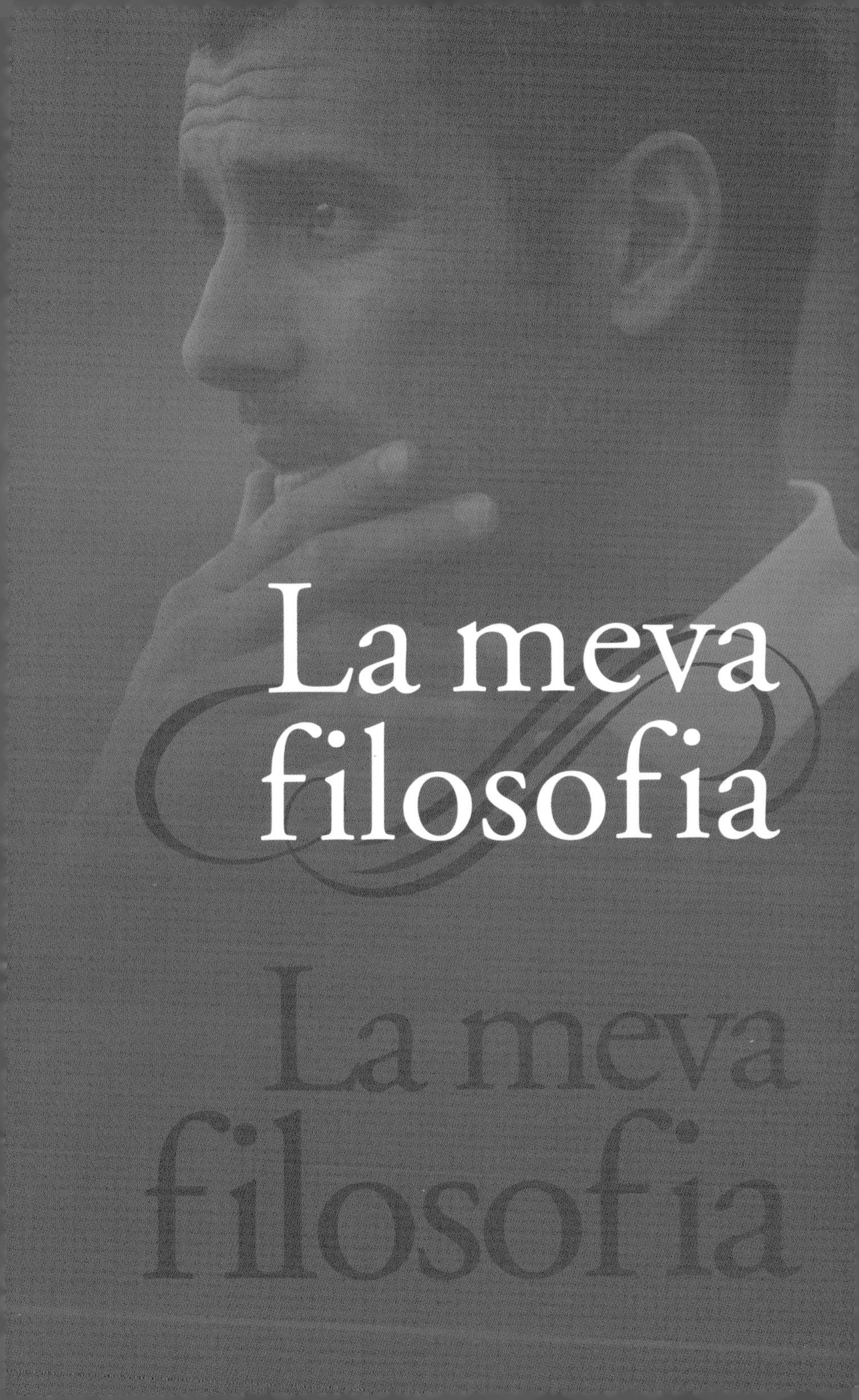
La meva
filosofia
La meva
filosofia

Modèstia

El *dream team* és irrepetible i nosaltres no podrem aconseguir aquell nivell.

Crec, sincerament, que la clau fonamental és que som molt bons. Els jugadors del Barça són d'un gran nivell. Sense això, no hi ha entrenador que faci miracles, i encara menys, jo.

No som el millor equip de la història.
El de les cinc copes, el de Cruyff,
el de molts altres que van guanyar,
no durant un any, o set o vuit
mesos, sinó al llarg de molts anys.
I són aquests els que es poden
considerar els grans equips
del nostre club meravellós.

El talent d'aquests jugadors és el que fa que les coses siguin més senzilles: ells i la seva humilitat.

Crec que hi ha molta gent capacitada per fer la meva feina. A mi m'han escollit. És l'únic mèrit que tinc, ja ho he dit moltes vegades. Jo no els dono el prestigi a ells, sinó que són ells els que me'l donen a mi.

Esforç

Aquest és l'objectiu: l'esforç, el treball. No hi ha res millor a fer, i és l'únic que s'ha de complir. Aquesta és la nostra gran virtut: treballar. És evident que els jugadors són molt bons, però l'esforç és la prioritat de tot. Sense això qualsevol equip ens pot guanyar, qualsevol.

Ningú va dir que seria fàcil. Les lligues són molt llargues, hi ha un munt d'entrebancs i situacions, un grapat de partits i estem a les tres competicions...

Espero que l'equip compleixi les seves obligacions, que els jugadors deixin els egos a part i es posin a treballar per a l'equip. Quan això passa és quan ataquem millor, generem més ocasions de gol, correm menys... L'objectiu per a la resta de temporada és seguir amb aquesta humilitat.

Partit que es juga, partit en què hem d'anar a tota pastilla. I guanyar aquest, també l'altre, tot seguit un de diferent i el que vindrà. Després ens col·locarem en la posició que sigui, però l'objectiu fonamental és aquest: anar a tota llet a cada partit.

Constància

El que hem fet ara no ens dóna res per al futur. L'endemà també ho haurem d'acomplir. El passat no serveix per a res.

És un bon moment per seguir, per no aturar-nos. Si som capaços de donar-li importància a cada partit, a cada acció, a cada detall, en el seu precís moment, no tinc cap dubte que respondrem a tots els partits, perquè ho necessitarem.

Jugar bé i guanyar dóna això: que la gent tingui més fe en l'equip. Però un partit només és un partit, hem de continuar insistint.

Hem de persistir en les coses que hem fet bé, sobretot en el comportament.

Aquests resultats són la conseqüència del treball anterior.

La sensació és molt bona en línies generals; ara, hi ha peròs, i coses que encara no fem a la perfecció. Però va bé fer aquestes errades perquè les revisarem i les parlarem, per millorar de mica en mica.

Nosaltres som un equip fantàstic quan tots complim amb el nostre deure; quan deixem de fer-ho, qualsevol ens pot guanyar.

Hem d'oblidar les coses bones i les dolentes del partit anterior, i ficar-nos intensament des del primer minut en el partit següent. Si som capaços de fer això, arribarem al mes de maig amb opcions d'aixecar alguna copa.

Prudència

Ja es dóna per fet que guanyarem aquests dos partits. És típic d'aquesta casa no donar importància al contrari. Anem pas a pas, val més ser força prudents. Hem d'intentar fer un bon partit i guanyar aquests tres punts.

No som campions de res. Ens queden encara molts partits per disputar, tan difícils com els que portem fins ara. I, quan juguem amb el comportament correcte, som un equip que fa patxoca.

10

En l'esport el més important és el partit de l'endemà, juguem contra el rival que juguem.

Fa temps que donàvem la lliga per guanyada, i, en aquesta competició, costa molt triomfar. Haurem de fer molts punts encara, haurem de guanyar molts partits.

El paper de favorit no serveix per a res, només per creure-t'ho i, després, equivocar-te. Probablement, aquestes idees són dels periodistes, però no ens condueixen enlloc.

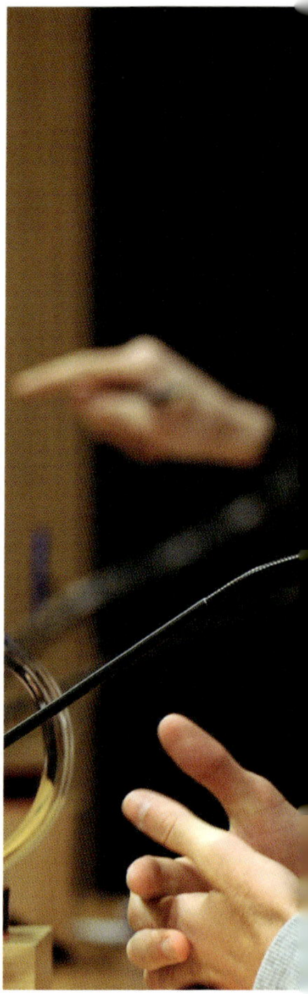

Nosaltres som un bon equip, però quan ens agradem massa, tot costa més, com passa en totes les plantilles.

Respecte

Ens visita un equip, el Vila-real,
que en els últims deu anys
només hem guanyat tres cops
a l'estadi. És un equip senyor
de cap a peus, que sap el que fa,
molt ben organitzat.

El Vila-real té una plantilla
fantàstica i uns jugadors
de molt talent.

L'Athletic de Bilbao és el quart màxim golejador de la temporada fora de casa. Són els quarts després del Barça, el Reial Madrid i l'Atlètic de Madrid. Per tant, tinc molta admiració i molt respecte pel que han fet fins ara!

Petronor

L'Atlètic és un molt bon equip. És molt ordenat, molt ben treballat, no té cap tipus de pressió, és atrevit en molts aspectes, i és un dels grans de la lliga, que només hem pogut guanyar una vegada en els últims sis anys.

KIA
LFP

Al Reial Madrid se l'ha de descartar ja com a rival pel títol?

T'equivocaries.
Si el descartes,
t'equivoques.

unicef
bwin
.com

Santiago Bernabéu, Madrid, 2 de maig de 2009
Un partit de cine
Un partit de cine

No ens podem
amagar i
menys, aquí.

10

Els he demanat valentia, coratge i atreviment, només això. Els he dit: “No us espanteu, sigueu valents, doneu un pas endavant. Els futbolistes som i existim per aquest tipus de partits i l’heu de fer.”

Tinc la sensació
que, en la dificultat,
som valents.

bwin

Venir aquí i fer sis gols al Bernabéu,
no passa cada dia.

Sé que hem
fet feliç molta
gent. Ja ho sé.

Estic molt content, molt, molt. És un dels dies més feliços de la meva vida, per haver vingut aquí amb un equip com el Barça, haver jugat tan bé al futbol i haver guanyat… però, sobretot, per haver fet tants gols. M'emociona haver alegrat tanta gent.

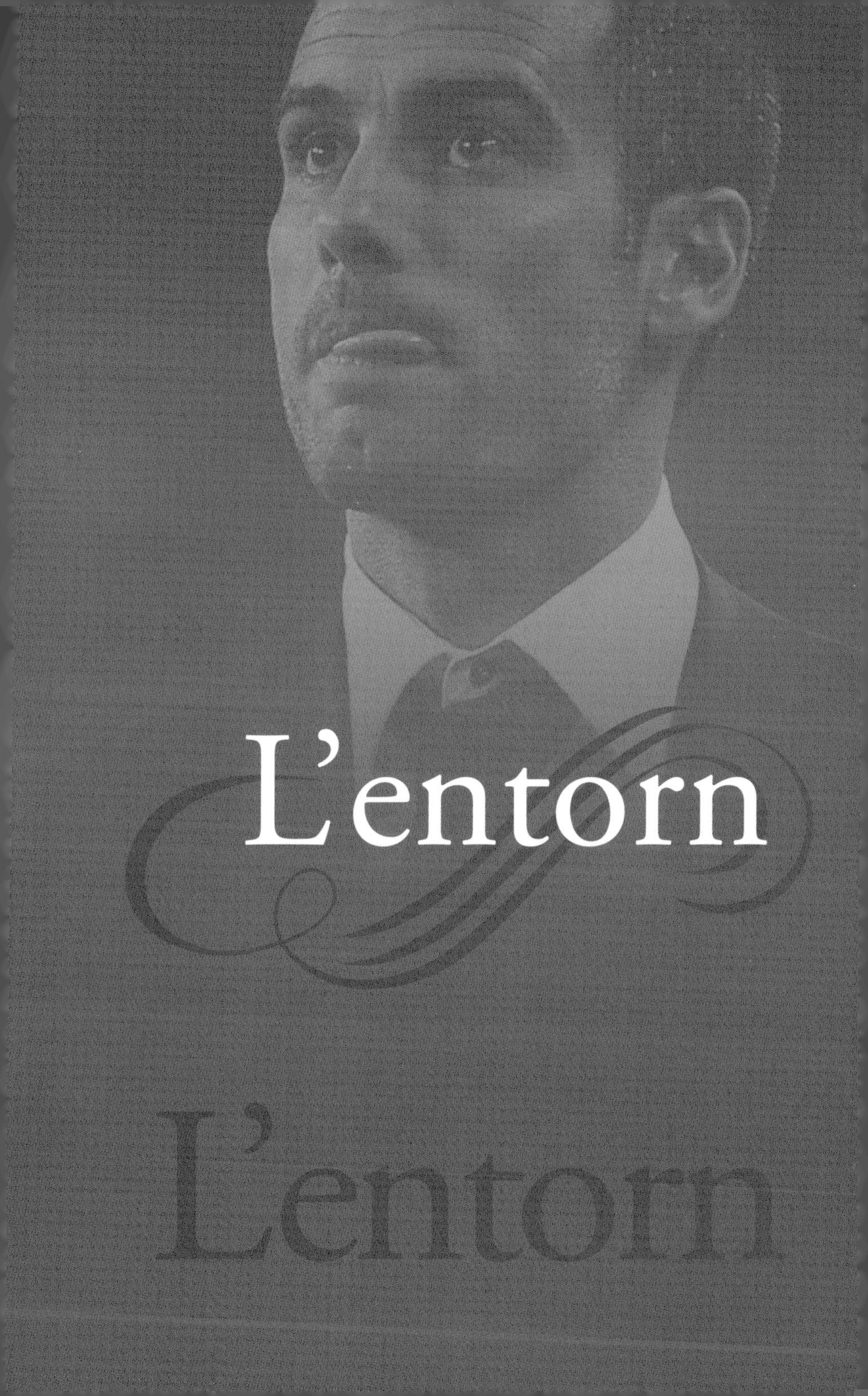
L’entorn
L’entorn

La segona crisi de la temporada va arribar a finals de febrer amb dues derrotes consecutives amb l'Espanyol, a casa, i amb l'Atlètic de Madrid, a fora. Amb un Reial Madrid que pressionava el líder, des de totes les bandes, els dubtes de l'entorn van tornar a passejar-se pel Camp Nou.

Hem de felicitar l'Espanyol per la victòria. Ens aixecarem i seguirem.

L'equip està trist, i tocat per la derrota, perquè és normal, però remuntarem. N'estic segur.

El drama de jugar en un equip gran és aquest: quan guanyes és perquè ho has de fer, és la teva obligació, i quan perds és sempre per culpa teva.

Aquí ja som prou grandets. No em feu justificar les meves paraules, perquè ja sabeu quin és el meu to.

Jo no sóc aquí per contestar l'opinió pública, ni el parer de la gent. La meva feina no és dir que estic en contra del que vosaltres penseu. Perdo? Teniu raó. Guanyo? La tinc jo. Jo no sóc aquí per jutjar les portades dels diaris, ni el que emeten les ràdios. Els seus motius tindran per dir el que diuen. Entenc que és part de la vostra feina que ens jutgeu en les coses bones i en les dolentes. Però a mi no em convencereu, jo crec molt en aquest equip i hi confiaré fins al final, perquè els observo mentre entrenen cada dia, i fan coses que vosaltres no veieu.

Sí, hem perdut un partit d'anada i de tornada que podia haver caigut pels dos costats, i ho ha fet per la banda de l'Atlètic. El felicitem. Nosaltres seguirem endavant.

No estem cansats.
A veure si m'explico,
perquè ja veig
el titular de demà.
No estem cansats.
Estem bé.

Unitat
Unitat

Si som on som, i no sé com estarem d'aquí a unes setmanes o uns mesos, és gràcies a tots.

Crec en aquest equip, ho sento,
no en puc pensar una altra cosa.

En un equip de futbol
no hi ha ni bons ni dolents.
Hi ha una plantilla i un
entrenador que decideix
qui juga més o menys,
però tots hi contribueixen.
Aquest és un factor que
hem de seguir fins al final,
i intentarem anar partit
per partit. Insisteixo un
cop més: el que em
reconforta és l'esperit.

unicef
FCB

Hi ha gestos que denoten com és un equip. Avui estàvem citats tots a les cinc i a dos quarts de cinc la majoria ja hi érem. Ells saben, perquè els ho he dit i ho han vist, que en el moment que deixen de fer-ho, qualsevol ens pot guanyar. Si cadascú fa la seva feina, i saben quina és perquè d'això me n'encarrego jo, aleshores som un equip difícil de batre.

L'afició

L'afició

Per què és important que vingui la gent? Perquè, al final, nosaltres juguem per a l'afició. Aquí fem la nostra feina, però la portem a terme per a la gent. I fer-la amb tothom a l'estadi és més divertit, és millor, més maco. Tant de bo segueixin venint al camp i ens continuïn fent costat en els moments complicats, que segur que vindran!

FCBARCELONA

La lliga passa pel Camp Nou i, si som forts aquí, farem un pas molt gran. O la gent ens dóna un cop de mà als partits de lliga a l'estadi, o sense el seu esforç no ho podrem aconseguir. Si l'afició omple l'estadi, lluitarem fins al final. N'estic segur.

La gent s'ho passa
bé amb nosaltres,
i això és el que més
ens enorgulleix.

HENRY
14
SONY

Després no sé si guanyarem o no, però penso que l'afició no ens podrà retreure que no ho haguem intentat fins a l'últim minut. Crec que la gent se'n va contenta, i, al final, juguem per a ells. Això és un espectacle, tothom ve a gaudir del joc, i ho hem de complir: que la gent s'ho, passi bé.

És l'hora del Camp Nou. Jo crec que ara li toca fer la seva tasca.

Al final nosaltres fem un espectacle esportiu, de vegades, més cultural per a la gent. I tant de bo puguin venir! Perquè, desenganyem-nos, nosaltres som millors amb l'afició que sense ella.

LLCOM
CAMPIONS
09

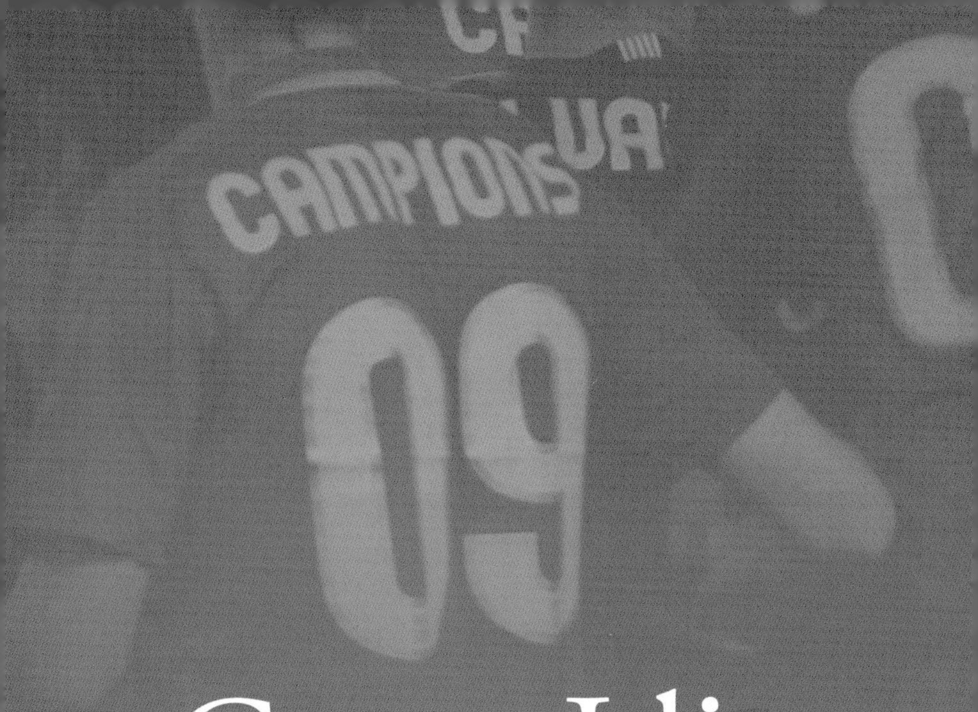

Copa, Lliga i Champions

Copa, Lliga i Champions

Sóc un nen amb sabates noves.

ROMA FINALE 2009

Ara ja en tenim tres, potser
no tantes com d'altres, però
ja ens apropem a un grup
una mica selecte.

No som el millor equip de la història,

però podem dir que hem fet

la millor temporada de la història.

Estem molt joiosos i molt contents.

Permeteu-me aquesta llicència que em ve molt, molt de gust de dir: ciutadans de Catalunya, ja la tornem a tenir aquí! Visca el Barça i Visca Catalunya!

ROMA FINALE 2009
ROMA FINALE 2009

És un somni que no sé si es podrà tornar a repetir. Espero gaudir-lo al màxim.

CAMPIONS
CAMPIONS
09
CAMPIONS
09
CAMPIONS

Viatge a Ítaca

Quan surts per fer el viatge cap a Ítaca,
has de pregar que el camí sigui llarg,
ple d'aventures, ple de coneixences.
Has de pregar que el camí sigui llarg,
que siguin moltes les matinades
que entraràs en un port que els teus ulls ignoraven,
i vagis a ciutats per aprendre dels que saben.
Tingues sempre al cor la idea d'Ítaca.
Has d'arribar-hi, és el teu destí,
però no forcis gens la travessia.
És preferible que duri molts anys,
que siguis vell quan fondegis l'illa,
ric de tot el que hauràs guanyat fent el camí,
sense esperar que et doni més riqueses.
Ítaca t'ha donat el bell viatge,
sense ella no hauries sortit.
I si la trobes pobra, no és que Ítaca
t'hagi enganyat. Savi, com bé t'has fet,
sabràs el que volen dir les Ítaques.

Més lluny, heu d'anar més lluny
dels arbres caiguts que ara us empresonen,
i quan els haureu guanyat
tingueu ben present no aturar-vos.
Més lluny, sempre aneu més lluny,
més lluny de l'avui que ara us encadena.

I quan sereu deslliurats
torneu a començar els nous passos.
Més lluny, sempre molt més lluny,
més lluny del demà que ara ja s'acosta.
I quan creieu que arribeu,
sapigueu trobar noves sendes.

Bon viatge per als guerrers
que al seu poble són fidels,
afavoreixi el Déu dels vents
el velam del seu vaixell,
i malgrat llur vell combat
tinguin plaer dels cossos més amants.
Omplin xarxes de volguts estels
plens de ventures, plens de coneixences.
Bon viatge per als guerrers
si al seu poble són fidels,
el velam del seu vaixell
afavoreixi el Déu dels vents,
i malgrat llur vell combat
l'amor ompli el seu cos generós,
trobin els camins dels vells anhels,
plens de ventures, plens de coneixences.

Lluís Llach